AF359054

MEMOIRE

POUR

M. LE DUC DE CHEVREUSE,

CONTRE

M. DE SAINT-MICHEL.

EN PRE'SENCE

DE M. LE PROCUREUR GÉNÉRAL,

ET DU SIEUR TIROUX D'OUARVILLE.

MEMOIRE

POUR M. le Duc de Chevreuse.

CONTRE M. le Préfident de Saint-Michel.

EN préfence de M. le Procureur Général.

ET du fieur Tiroux d'Ouarville.

Monsieur le Duc de Chevreufe a déja mis fous les yeux de la Cour les faits de la Caufe, les titres de fa propriété & ceux de fa poffeffion. C'eft plus qu'il n'en faut pour repouffer la prétention de M. de Saint-Michel, & pour faire profcrire l'odieufe recherche à laquelle il s'eft permis de fe livrer. Il eft évident, en effet, qu'il eft fans qualité, comme fans intérêt dans

A ij

cette Caufe. Sans qualité, puifqu'il n'eft à aucun titre le défenfeur des droits de la Couronne ; fans intérêt, puifque le retrait féodal eft un fruit de la propriété, & qu'à titre de poffeffeur de bonne foi, M. le Duc de Chevreufe a dû jouir au moins des fruits du Comté de Dunois, jufqu'au trouble qui lui a été apporté.

M. de Saint-Michel a prévu ces fins de non-recevoir. Et pour effayer de porter des coups plus furs à M. le Duc de Chevreufe, il a tenté de lui fufciter un Adverfaire contre lequel ces fins de non-recevoir ne puffent pas être écoutées. De-là la dénonciation qu'il a faite à M. le Procureur Général ; & il faut convenir qu'il ne pouvoit préfenter à ce Magiftrat un objet plus digne d'exciter fon zele pour les intérêts de la Couronne. Néanmoins M. le Procureur Géneral n'a pas cru devoir fe déclarer fur la feule parole de M. de Saint Michel, l'Adverfaire de M. le Duc de Chevreufe ; il a voulu attendre que les droits des Parties fuffent développés dans tout leur jour, & que la lumiere de la vérité pût l'éclairer fur le parti qu'il doit prendre.

M. le Duc de Chevreufe n'a donc dans ce moment d'autre contradicteur que M. de Saint-Michel. Par cette raifon, il pourroit fe renfermer dans les fins de non-recevoir qu'on vient d'annoncer, & qui ont été pleinement établies à l'Audience. Mais l'intérêt qu'il a d'empêcher M. le Procureur Général de fe déclarer fon Adverfaire, exige de fa part un autre genre de défenfe, & l'oblige d'entrer dans la difcuffion de tous les moyens qui lui font oppofés par M. de Saint-Michel.

On ne rappellera point ici les faits de la Caufe. Ils font affez détaillés dans d'autres Mémoires. Il fuffira de retracer en très-peu de mots l'origine de la propriété de M. le Duc de Chevreufe.

M. le Duc de Chevreufe a recueilli le Comté de Dunois dans la fucceffion de Louife-Léontine-Jacqueline de Bourbon fa mere, laquelle en jouiffoit en qualité d'héritiere de Louis Henri de Bourbon, Prince de Neufchatel, fon pere.

Le Prince de Neufchatel avoit reçu ce Comté en mariage, à titre de donation de Madame la Ducheffe de Nemours, fa coufine, qui en étoit devenue propriétaire en qualité d'héritiere de M. l'Abbé d'Orléans, fon frere, dernier defcendant mâle de la Maifon de Longueville.

Telle eft la fource de la poffeffion de la Maifon de Luynes, & tel eft le titre de M. le Duc de Chevreufe.

C'étoit de même par une donation que ce Comté étoit entré dans la Maifon de Longueville.

Louis Duc d'Orléans & de Touraine, frere de Charles VI, avoit laiffé deux enfans légitimes, *Charles d'Orléans*, & *Jean d' Angoulême*, & un bâtard nommé *Jean d'Orléans*, ce célebre guerrier qui fut fi cher à la nation par les fervices qu'il lui rendit.

Charles d'Orléans & Jean d'Angoulême donnerent en 1439, à leur frere Bâtard, le Comté de Dunois, dont ils avoient hérité de leur pere. On expliquera dans la fuite les circonftances & les conditions de ce don. On n'en parle ici que pour indiquer feulement ce titre de la Maifon de Longueville, dont *Jean d'Orléans* a été le Chef.

Enfin il refte à montrer en un feul mot, comment Louis d'Orléans avoit acquis le Comté de Dunois. Ce

fut Charles VI, fon frere, qui lui en fit faire l'acquifition , par acte du mois d'Octobre 1391 , tant *pour
lui que pour fes hoirs & ayans caufe*, de Guy de Châ-
tillon , dans la Maifon duquel ce Comté étoit depuis
plufieurs fiecles, après avoir été durant plufieurs autres
dans celle de Champagne.

Malgré des titres de patrimonialité fi multipliés & fi
anciens , M. de Saint-Michel voudroit perfuader que
dans les premiers tems de la Monarchie le Comté de
Dunois appartenoit à la Couronne ; & il fonde princi-
palement cette idée fur ce que le Comté de Dunois
faifoit originairement partie du Comté de Blois , lequel étoit , fuivant lui, anciennement du domaine de
la Couronne. Ces idées , que M. de Saint-Michel n'a
annoncées lui-même qu'à titre d'obfervations générales,
& de réflexions furabondantes, ne méritent pas une ré-
futation férieufe. La fuite des actes, qu'on a mis fous les
yeux de la Cour, démontre que le Comté de Dunois
n'a jamais fait partie du Comté de Blois. D'un autre
côté , les premieres connoiffances auroient dû fuffire à
M. de Saint-Michel pour lui apprendre que le Comté
de Blois n'eft devenu domaine de la Couronne que
fous François I , & c'eft par cette raifon que l'Ordonnance du Domaine du mois de Février 1566, ne parle
de ce Comté, que comme d'un *nouveau domaine* de la
Couronne. Enfin quand , ce qui n'eft pas, le Comté
de Dunois auroit dans les premiers tems de la Monarchie fait partie du Domaine, & qu'il ne feroit paffé en
des mains particulieres qu'à titre de *bénéfice* à vie, il eft
indubitable qu'il feroit néceffairement devenu comme
tout les autres fiefs, un bien patrimonial & héréditaire.

M. de S. Michel abandonnant bientôt ces premieres

réflexions, prétend trouver dans deux titres particuliers la preuve de la domanialité du Comté de Dunois.

En 1399 Louis d'Orléans obtint du Roi son frere des lettres par lesquelles, *afin qu'il pût plus honorablement & paisiblement tenir, posséder & gouverner ses Subjets, Terres & Pays, le Roi lui octroya que il & la Duchesse d'Orléans, sa femme, & tous leurs enfans procrées & à procréer en mariage, tinssent, possédassent & gouvernassent en Pairie de France, dorénavant, perpétuellement toutes les Comtés, Terres, Châteaux, Châtellenies, Baronnies, Justices, Jurisdictions, bois, eaux, cens, rentes, hommes & femmes, & autres possessions quelconques; ensemble leurs appartenances & appendances quelconques, acquises par notredit frere de tout le tems passé jusqu'à ors: c'est à sçavoir, &c.*

Voilà, suivant M. de Saint-Michel, un titre de Pairie & d'Apanage. Or toute Pairie, dit-il, tout Apanage est sujet au retour à la Couronne, lorsque la descendance masculine du premier Pair ou du premier Apanagé vient à s'éteindre. D'un autre côté, il est certain que la descendance masculine de Louis d'Orléans s'est éteinte par le décès de Louis XII & par celui de Henri III. Donc, conclut M. de Saint-Michel, le comté de Dunois a dû à cette derniere époque se réunir à la Couronne. Donc il n'a jamais pu appartenir à M. le Duc de Chevreuse qui n'est pas descendant de Louis d'Orléans, & qui ne l'est pas même du Bâtard d'Orléans.

M. de Saint-Michel joint à ce premier titre de réunion la condition du don du Comté de Dunois fait par Charles d'Orléans, fils de Louis, à Jean

Bâtard d'Orléans son frere. Cette donation a été faite sous la charge *que le donataire ne sesdits hoirs ne pourront vendre ne transporter ledit Comté, ne aucune chose de ses appartenances; & qu'au cas que lui & ses hoirs iroient de vie à trépassement sans enfans de leur chair procréés en loyal mariage, ledit Comté retourneroit au Donateur & à ses hoirs de plein droit.*

« En termes de Jurisprudence féodale, dit M. de »Saint-Michel *, & par rapport à un fief de dignité »spécialement affecté à une famille, frappé d'une clause »de réversion, concédé enfin à titre de sous-apanage, »l'expression d'*hoirs* ne peut s'appliquer à des filles. »De-là il conclut que le retour a dû avoir lieu au »décès de M. l'Abbé d'Orléans, dernier hoir mâle de »Jean Bâtard d'Orléans, arrivé en 1694 ».

Tel est le précis de tout le systême de M. de Saint-Michel. M. le Duc de Chevreuse y oppose les deux propositions contradictoires. Il va prouver que le comté de Dunois n'a pu se réunir au Domaine du Roi, ni à titre de Pairie ou d'Apanage, ni à titre de réversion.

PREMIERE PROPOSITION.

Le Comté de Dunois ne s'est point réuni à la Couronne, ni à titre d'Apanage, ni à titre de Pairie.

Ce n'est sans doute que pour donner plus d'étalage à son systême que M. de Saint-Michel a cru devoir parler d'Apanage dans cette Cause. Le comté de Dunois n'a jamais fait partie du Domaine de la Couronne.

La

* Pag. 22 du Mém. intitulé: *Exposition de la Cause.*

La Maison de Chatillon en jouiſſoit patrimonialement lorſque Guy de Chatillon en fit vente à Louis
d'Orléans en 1391. Charles d'Orléans, fils de Louis,
la donna à Jean Bâtard d'Orléans, dans la maiſon
duquel le comté de Dunois eſt reſté juſqu'au don qui
en a été fait au Prince de Neufchatel, l'un des auteurs de M. le Duc de Chevreuſe. Dans quel tems
le comté de Dunois feroit-il devenu un Apanage ?

Il a été dit dans les Lettres-patentes de 1399, accordées à Louis d'Orléans, qu'il *tiendroit, poſſéderoit
& gouverneroit les comtés de Blois & de Dunois, ainſi
& par la maniere qu'il tient & poſſede ſon Apanage.* C'eſt-
là, ſuivant M. de Saint-Michel, l'érection en Apanage. Mais quelle illuſion ! Cette clauſe n'a eu évidemment d'autre objet que d'attribuer au comté de
Dunois la mouvance & le reſſort des Terres que le
Duc d'Orléans tenoit en apanage. Elle n'a pas pu
changer la nature de cette Terre : faire d'un bien pa-
t monial un bien domanial : priver enfin le Duc
d'Orléans de ſa propriété. Elle l'a pu d'autant moins
qu'un Apanage eſt eſſentiellement, &, ſuivant les Loix
du Royaume, purement maſculin, & que ſi l'inten-
tion du Roi & de Louis d'Orléans avoit été de faire
cette transformation du comté de Dunois en un apanage, on ne l'auroit faite que pour la deſcendance
maſculine de Louis d'Orléans, au lieu que les Lettres
de 1399 ſont accordées à Louis d'Orléans, *à la Ducheſſe d'Orléans ſa femme, & à tous leurs enfans.*

Ce premier objet ne mérite pas une plus grande
diſcuſſion.

La prétendue érection en *Pairie* n'eſt pas moins chimérique , & les moyens ſe préſentent en foule pour en convaincre.

Il ſuffiroit ſans doute de dire que les Lettres de 1399 n'ont jamais été enregiſtrées. On ne trouvera en effet aucune mention d'enregiſtrement, ni dans le regiſtre A dans lequel elles ſont rapportées , ni dans le tréſor des chartres , ni dans le Recueil des Ordonnances du Louvre, ni dans le cartulaire de la Chambre des Comptes de Blois. Il eſt même à remarquer que l'on trouve , & dans ce regiſtre A , & dans le cartulaire de la Chambre des Comptes de Blois, d'autres Lettres de l'année 1404, accordées au même Louis d'Orléans , & qu'elles y ſont rapportées avec leur enregiſtrement. Il n'y a pas d'apparence que ſi celles de 1399 euſſent été de même enregiſtrées, on n'en trouvât pas la mention dans le regiſtre de la Chambre des Comptes , qui étoit alors le dépôt particulier des titres de la Maiſon d'Orléans.

M. de Saint-Michel veut que la ſeule tranſcription de ces Lettres dans le regiſtre A ſoit une preuve d'enregiſtrement. Il vante ce regiſtre comme un monument du premier ordre. Il ſoutient qu'il doit imprimer un caractere d'authenticité à tous les actes qu'il renferme. Cependant il eſt certain que ce regiſtre n'eſt point un regiſtre original ; ce n'eſt qu'un recueil informe fait par un Greffier de la Cour long-tems après la date des actes qui s'y trouvent. On y a inſéré des pieces de toute eſpece, même ſans ordre de dates. En un mot, ce n'eſt point un regiſtre de la Cour, c'eſt un ſimple recueil de pieces.

Mais non-feulement on ne trouve aucune trace d'enregiftrement de ces lettres ; il eft de plus prouvé qu'elles n'ont eu aucune exécution.

Leur effet devoit être de placer le comté de Dunois, ainfi que celui de Blois, dans la mouvance de la Couronne & dans le reffort du Parlement, à l'inftar des Pairies & des Apanages. Cependant il eft notoire que le comté de Dunois eft encore aujourd'hui dans le reffort du Bailliage de Blois; & quant à la mouvance, il n'a commencé à relever de la Couronne qu'en conféquence des Lettres - patentes de Louis XIV du mois d'Août 1660. Le défaut abfolu d'exécution eft donc une preuve de plus que ces Lettres-patentes n'ont jamais été enregiftrées.

M. de Saint-Michel, forcé d'abandonner ces Lettres-patentes, a eu recours à d'autres Lettres en date du 22 Mai 1404, qui fe trouvent avoir été également accordées à Louis d'Orléans, & qui ont été enregif-trées. Par ces Lettres Charles VI *octroie* au Duc d'Orléans fon frere *que il & la Ducheffe d'Orléans fa femme, & tous leurs enfans mâles, tinffent, poffédaffent & gouvernaffent dorenavant en Pairie, perpétuellement & comme Pairs de France, leur baronnie de Coucy & comté de Soiffons, avec toutes leurs autres Terres, Nobleffes & Seigneuries qu'ils ont acquifes de tous le tems paffé juf-qu'à ors, ainfi & par la maniere qu'il tenoit & poffédoit fon Apanage.* Ces expreffions, *toutes leurs autres terres,* ont, fi l'on en croit M. de Saint-Michel, fait une Pairie, du comté de Dunois; de forte que fi l'érection de 1399 fe trouvoit infuffifante, il y auroit été plei-nement fuppléé par cette érection de 1404.

Ainsi, suivant ce systême, le comté de Dunois auroit été érigé en Pairie par des Lettres, qui ne contiennent pas même le nom de ce Comté : & cette Terre de dignité, aussi distinguée par son ancienneté que par son étendue & ses mouvances, seroit devenue tacitement l'objet d'un privilege accordé nommément à deux Terres d'un ordre inférieur & beaucoup moins considérables ! Voilà les singuliers raisonnemens que M. le Président de la Chambre des Comptes de Blois a imaginés pour dépouiller M. le Duc de Chevreuse d'une propriété qui de tems immémorial réside paisiblement dans les plus grandes Maisons du Royaume. Il faut qu'il n'y ait pas fait la plus légere réflexion. Car, quand on lui passeroit & le défaut d'enregistrement des Lettres de 1399, & le silence de celles de 1404 sur le comté de Dunois, il seroit encore facile de lui prouver qu'il n'y a dans aucunes de ces Lettres nulle érection de Pairie.

Toute Pairie est essentiellement composée de deux choses qui sont indivisibles, l'Office & le Fief.

Lorsque le Roi veut ériger une Pairie, il commence par créer la dignité personnelle ; il fait un Officier. *Creamus & promovemus in Parem*, portent toutes les Lettres d'érection.

Au même instant le Souverain imprime aussi sur le Fief la dignité à laquelle il vient d'élever celui de ses sujets qu'il en a jugé digne. *Dictum Comitatum Parriam Franciæ tenore præsentium ex certâ scientiâ facimus.*

Voilà les deux parties intégrantes de toute Pairie : «Composée de toutes les deux, dit M. Daguesseau, elle

» eft également dépendante de l'une & de l'autre ; en-
» forte que ni le Fief ni l'Office ne peuvent jamais
» s'éteindre, fans que l'intégrité de la Pairie fouffre un
» partage, une divifion qui produife un véritable
» anéantiffement ».

Quelquefois l'érection en Pairie eft encore accom-
pagnée d'un autre effet de la Puiffance Royale. Une
feule Terre, un feul Fief ne répondroient pas fouvent
à la dignité à laquelle elle eft élevée par l'érection en
Pairie. Alors on en réunit plufieurs ; & comme il faut
qu'elles ne forment qu'un feul Fief pour devenir une
Pairie, le Roi par la plénitude de fa puiffance les unit
les unes aux autres, & de toutes il n'en fait qu'une
feule. C'eft ce qu'on trouve encore dans les Lettres
d'érection ; *avons uni, créé, érigé*, &c.

Ainfi, trois caracteres principaux de la Pairie. Union
des Fiefs, création d'un Pair, & érection du Fief en
Pairie. Il n'y a point d'érection en Pairie fans le con-
cours de ces trois chofes.

M. de S. Michel ne nie pas abfolument ces principes. Mais il effaie de les dénaturer. La création de
l'Office, felon lui, n'eft pas néceffaire, lorfque celui
à qui la Pairie eft accordée, jouit de la dignité de
Prince du Sang. Quant à l'union des Fiefs, il prétend
qu'il y a deux fortes d'unions, une union expreffe,
& une union *intellectuelle*. Il ajoute que cette union
intellectuelle a lieu dans toutes les érections en Pairie,
parce qu'il•n'y a point d'érection en Pairie fans union
des Fiefs qui doivent la compofer.

Une union *intellectuelle* ! Cette idée eft fublime fans
doute : il ne manque, pour pouvoir l'appliquer, que

d'imaginer auffi des Pairies *intellectuelles*. M. de Saint-Michel trouvera peut-être le fecret d'en faire éclorre quelque jour. Mais en attendant, & comme il ne s'agit ici que d'une Pairie *réelle*, & des principes qui lui font propres, nous croyons pouvoir conclurre que toute union de Fiefs divifés & féparés doit être expreffe, & que toutes les fois que cette union n'eft pas expreffé-ment ordonnée, c'eft une preuve que le Souverain n'a pas voulu ériger ces Fiefs en une véritable Pairie.

Quant à ce qu'il ajoute, que lorfqu'une Pairie eft érigée en faveur d'un Prince du Sang, il n'y a pas lieu à la création de l'Office, parce que la dignité de Pair eft effentiellement attachée à la dignité encore plus augufte du Sang Royal, il fuffira de le renvoyer à toutes les érections de Pairie. Il verra que dans celle d'*Evreux* qui fut érigée pour Louis de France, frere de Philippe-Le-Bel, dans celle d'*Artois* érigée pour Robert II, petit-fils de Louis VIII, dans celle d'*Anjou* érigée en faveur de Charles de France, frere de Saint Louis & Roi de Naples & de Sicile, dans celle de *Beaumont* érigée en faveur de Robert d'Artois, enfin dans celles de *Poitou*, de la *Marche*, de *Bourgogne*, toutes également érigées en faveur de Princes de la Maifon Royale, on trouve cette claufe remarquable : *ipfum Comitem N.... præfati Regni noftri Franciæ creamus & promovemus in Parem.*

Si l'on examine, d'après ces principes conftans, foit les Lettres de 1399, foit celles de 1404, il fera impoffible d'y trouver, même la plus légere trace d'une érection en Pairie.

Le Roi y a *octroyé* au Duc & à la Ducheffe d'Orléans de *tenir, posséder & gouverner de là en avant en Pairie , perpétuellement , toutes leurs Terres , Nobleſſes & Seigneuries ,* &c. *ainſi & par la forme & maniere qu'ils tiennent & poſſedent leur Apanage.* Voilà tout ce que portent ces Lettres. On n'y trouve ni création de Pair, ni création de Pairie, ni union de *toutes ces Terres & Seigneuries ,* deſtinées à être *tenues en Pairie ;* & à moins que de ſuppoſer ici un Pair, une Pairie & une union *intellectuels ,* il eſt impoſſible de trouver dans ces Lettres aucun de ces trois caractères de la Pairie.

L'erreur de M. de Saint-Michel vient de ce qu'il confond les véritables érections en Pairies, avec les ſimples priviléges de tenir en Pairie. Ces priviléges étoient très-fréquens autrefois. Tous les Auteurs en font mention. On en trouve une foule d'exemples dans le Pere Anſelme ; mais M. de Saint-Michel eſt le premier qui ait imaginé d'aſſimiler ces priviléges aux érection en Pairies.

On accordoit quelquefois ces priviléges, non-ſeulement pour les Terres que poſſédoient ceux qui requéroient ces *priviléges ,* mais encore pour les Terres qu'ils pourroient acquérir : *Acquiſitiſque & acquirendis ,* portent les Lettres de 1326, accordées à Philippe Comte d'Evreux. Mais on étoit ſi éloigné de penſer que ces priviléges formaſſent des Pairies, que ceux qui les avoient obtenus, demandoient ſouvent dans la ſuite une érection en Pairie.

C'eſt, entre autres exemples, ce qui eſt arrivé dans la Maiſon de Nevers. Marguerite Comteſſe de Nevers avoit obtenu le 27 Août 1347 le privilége de *tenir le Comté de Nevers en Pairie.* En 1459 ce privilége

fut changé en une vraie érection. *Comitem ipſum...
præfati Regni noſtri Franciæ creamus & promovemus
in Parem ,* &c.

Le Comté de Dunois lui-même en fournit un
autre exemple. Malgré le privilége de 1399, accordé
à Louis d'Orléans & *à tous ſes enfans*, Louis d'Orléans, Duc de Longueville, ſollicita & obtint en Juil-
let 1325 des Lettres qui érigerent ſon Comté de Dunois *en titre de Duché & AUSSI DE DIGNITÉ DE PAI-
RIE*. Ces Lettres à la vérité ne furent pas enregiſtrées.
Mais elles prouvent du moins que la Maiſon de Longueville étoit bien éloignée de regarder le privilége de
tenir en Pairie, accordé à ſon auteur en 1399 ou en
1404, comme une véritable érection en Pairie.

Voici deux autres preuves de cette diſtinction, &
c'eſt M. de Saint-Michel qui nous les a lui-même ad-
miniſtrées.

La premiere réſulte de ce qui s'eſt paſſé dans le procès fameux du Duc d'Alençon.

Charles VII demanda au Parlement, *ſi mondit Seigneur Duc d'Alençon tient ſondit Duché d'Alençon
en Pairie, &, ſuppoſé qu'il tienne en Pairie, s'il doit
jouir de pareil privilége & prérogative que feroit un des
douze Pairs de France touchant ſa perſonne?* Il demanda
encore *ſi les autres Seigneurs du Sang*, qui *tiennent
en Pairie & ne ſont pas des douze Pairs, doivent être
appellés, & s'ils doivent jouir quant à ce des honneurs
& prérogatives des douze Pairs, ou non?*

Enfin on voit dans les régiſtres du Parlement, qu'à
la date du 26 Mai 1458, il fut mis en délibération,
*ſi l'on devoit plaider, juger & beſogner en la Cour, ce-
pendant*

*pendant que l'on vaqueroit au procès de M. d'Alençon,
pour lequel le Roi avoit fait ajourner les Pairs de France
& ceux qui tiennent en Pairie.*

Toutes ces queſtions & délibérations prouvent évidemment qu'on mettoit une grande différence entre les *Pairs* & ceux *tenans en Pairie.* Le Parlement décida à la vérité que M. d'Alençon devoit jouir, comme les autres Pairs, du privilége d'être jugé en la Cour. Mais il devoit jouir de cette diſtinction comme Prince du Sang. Et quand il n'en auroit même joui que comme *tenant en Pairie*, tout ce qu'on en pourroit conclure feroit qu'on auroit cru devoir étendre juſques-là le privilége *de tenir en Pairie :* mais il n'en réſulteroit pas que le Parlement eût jamais penſé qu'un ſimple privilége *de tenir en Pairie* fît un *Pair de France.*

La ſeconde preûve de notre diſtinction entre le privilége de tenir en Pairie & l'érection en Pairie, ſe trouve dans des Lettres-patentes du mois de Février 1505, enregiſtrées en la Cour le 19 Mars ſuivant, ſur les concluſions de M. Olivier. Il faut expliquer en peu de mots ce qui donna lieu à ces Lettres.

On a déja parlé pluſieurs fois des Lettres accordées par Charles VI à Louis d'Orléans ſon frere, le 22 Mai 1404, à l'effet de pouvoir *tenir en Pairie la Baronnie de Coucy, le Comté de Soiſſons, & toutes ſes autres Terres.* Ce privilége n'étoit accordé qu'au Duc & à la Ducheſſe d'Orléans, & à *leurs enfans mâles.* Lorſque Louis XII, petit-fils de Louis d'Orléans, monta ſur le Trône, il craignit que cette reſtriction du privilége *aux ſeuls mâles*, ne fût un jour oppoſée à ſa fille unique *Claude de France.* Ce fut ce qui le

C

détermina à adreſſer au Parlement des Lettres-patentes du mois de Février 1505.

Ces Lettres rappellent d'abord celles de 1402. Elles portent enſuite :

» Au moyen de quoi feu notre ayeul & notre très-
» cher Seigneur & pere que Dieu abſolve, ſon fils &
» nous ſucceſſivement après eux avant notre avene-
» ment à la Couronne, avons tenu & poſſédé leſdits
» Comté, Baronnie, & autres deſſuſdits, en titre de
» Perrie.

» Leſquelles Terres & Seigneuries, par raiſon, juſ-
» tice & équité, attendu qu'elles étoient & ont été
» acquiſes par noſdits ayeul & ayeule auparavant &
» alors dudit octroi, & qu'elles ne ſont, *ne dépendent*
» *aucunement de l'Apanage* qui fut baillé par icelui
» feu Roi Charles ſixieme, à feu notredit ayeul, doi-
» vent retourner & appartenir, par vraie & droite
» ſucceſſion de hoirs, à nos enfans & héritiers, ſoit
» mâles ou femelles.

» Toutes fois pour ce que nommément eſt dit par
» leſdites Lettres patentes & octroi que noſdits ayeul
» & ayeule & leurs hoirs mâles deſcendans d'eux en
» loyal mariage, tiendroient leſdites choſes en titre de
» Perrie, on pourroit douter s'il advenoit que Dieu ne
» veule que n'euſſions aucuns enfans mâles, que l'on
» voulût prétendre dire & maintenir leſdites Baronnie
» de Coucy, Comté de Soiſſons, & autres Terres &
» Châtellenies deſſuſdites être ſujettes à retour & des
» annexes de notre Couronne, ainſi que les autres
» Terres & Seigneuries qui furent baillées en apanage

»à notredit ayeul, qui feroit, fi ainfi étoit, fruftrer
» notre très-chere & très-amée fille Claude de France
» à préfent notre fille feule unique & héritiere, ou
» autres nos héritiers de ce que par raifon leur doit
» venir, compéter & appartenir, fi provifion n'y étoit
» par nous fur ce mife & donnée, comme faire le de-
» vons & pouvons.

» Pourquoi nous, les chofes deffufdites confidérées
» & mêmement que chofes juftes & raifonnables, ne
» feroit que pour ledit octroi fait par ledit feu Roi
» Charles fixieme à nofdits ayeul & ayeule & à leurs
» hoirs mâles, *qui ne concerne que privilége, fran-*
» *chife & titre de Perrie,* le vrai droit & titre acquis
» par avant ledit octroi èfdites Baronnie de Coucy,
» Comté de Soiffons, Terres & Seigneuries deffufdites
» fût perdu, diverti & non gardé à ce auxquels ils
» doivent venir, compéter & appartenir, comme il
» fait par vraie fucceffion de hoirie à notredite fille
» après notre décès, au cas que n'euffions aucuns enfans
» mâles, à laquelle notredite fille, pour la grande,
» finguliere & parfaite amour & dilection que lui por-
» tons, nous voulons fubvenir par raifon & amour
» naturel qui à ce nous induit & admonefte. Pour
» toutes ces caufes & confidérations & autres juftes &
» raifonnables qui à ce nous ont meu & meuvent,
» avons de notre propre mouvement, certaine fcience,
» grace fpéciale, pleine puiffance & autorité royale,
» dit, déclaré, voulu & ordonné, difons, voulons,
» déclarons, ftatuons & ordonnons par ces préfentes,
» que notredite fille Claude de France, ou autres nos
» *héritiers & fucceffeurs, foit mâles ou femelles,* foit

C ij

»*en ligne directe ou collatérale*, jouiront, après notre-
»dit décès, *entierement, paisiblement & perpétuel-
»lement* desdites Baronnie de Coucy, Comté de Soif-
»sons, & de toutes les autres Terres, Seigneuries,
»possessions & choses quelconques, que nosdits feus
»ayeul & ayeule avoient acquises auparavant l'octroi
»à eux fait par ledit feu Roi Charles sixieme, & icelles
»tiendront & posséderont *en droit & titre de Pairie*,
»& en toutes autres telles autorités, prérogatives,
»prééminences, que nos prédécesseurs & nous les
»avons tenues, comme vrais héritiers, descendus &
»représentans iceux nos feus ayeul & ayeule, & aux-
»quels par vraie succession de hoirie elles doivent re-
»tourner, compéter & appartenir, sans ce que, au
»moyen & sous umbre & couleur de ce que par ledit
»octroi est expressément dit & déclaré, que c'étoit pour
»en jouir par nosdits ayeul & ayeule & leurs héritiers
»mâles procréés ou à procréer d'eux en loyal mariage,
»on puisse après notredit décès les inquiéter, molester,
»ne travailler en la possession & jouissance d'icelle Ba-
»ronnie, Comté, Terres & Seigneuries dessusdites,
»ne icelles pouvoir dire, maintenir, prétendre ou al-
»léguer, en défaut de hoirs mâles, être sujettes à re-
»tour ne des annexes de notredite Couronne, dont
»en tant que métier est ou seroit de notredite puis-
»sance & autorité royale, nous les avons distraites,
»séparées & démembrées, distraions, séparons & dé-
»membrons par cesdites présentes, & ce néanmoins
»voulons & entendons que notredite fille ou autres
»nos hoirs & successeurs mâles & femelles, soit en ligne
»directe ou collatérale, jouissent & usent & puissent

»jouir & ufer d'icelles Baronnie, Comté & Terres
»deffufdites, enfemble leurs Gens, Officiers & Sujets,
»de tous les priviléges, honneurs, prérogatives, no-
»bleffes, franchifes & libertés de Perrie, dont nofdits
»feus ayeul & pere ont joui & ufé ».

Tout porte coup dans ces Lettres : tout y combat
le fyftême de M. de Saint-Michel. Le Roi y dit d'a-
bord que les Terres de Coucy & de Soiffons *ne font &
ne dépendent aucunement de l'Apanage* du Duc d'Orléans ; cependant les Lettres de 1404 contenoient,
comme celles de 1399, la claufe qu'il *les tiendroit
comme il tenoit & poffédoit fon Apanage*. Le Roi
ajoute que l'*octroi* de tenir en Pairie, *ne concerne que
privilége, franchife, & titre de Pairie* ; c'eft avoir décidé nettement qu'une Terre *tenue en Pairie*, n'eft pas
une Pairie. Enfin le Roi veut que *fa fille Claude de
France* ou autres *fes héritiers ou fucceffeurs*, *foit mâles
ou femelles*, *jouiffent perpétuellement & paifiblement
defdites Terres, & icelles les tiennent & poffédent en
droit & titre de Pairie*. Quoi de plus incompatible
avec l'idée d'une vraie Pairie, qui eft effentiellement
un fief mafculin, que cette vocation des *héritiers &
fucceffeurs mâles ou femelles ?*

M. Olivier, fur les conclufions duquel ces Lettres
furent enregiftrées, s'expliqua de la même maniere
au fujet de ces priviléges :

«Olivier pour le Procureur Général du Roi, a dit
»qu'il a vu lefdites Lettres & celles du Roi Charles
»VI dont en ces préfentes Lettres eft fait mention

» qui furent piéça , ceans , lues , publiées & enregif-
» trées & vérifiées en la Chambre des Comptes ; s'eft
» enquis & a trouvé que Coucy & le Comté de Soif-
» fons & autres Terres déclarées èfdites Lettres *ne font*
» *de la Couronne ne de l'Apanage* , mais furent ac-
» quifes par le Duc Louis d'Orléans , Ayeul dud.
» Seigneur , pour la fomme de quatre cent mille
» francs venus des deniers du mariage de Dame Va-
» lentine de Milan , Ayeule du Roi , & *par ce ne font*
» *fujets à retour* à la Couronne , *déficientibus mafculis* ,
» mais trouve que ledit Roi Charles VI donna faculté
» audit Duc Louis , tenir lefdites Terres en titre &
» noblefle de Perrie , pour plus aifément gouverner
» fes Sujets , pour lui & fes hoirs mâles nés en mariage ;
» or s'il advenoit que le Roi allât à trépas fans hoirs mâ-
» les , la faculté de ladite Perrie feroit expirée. A cette
» caufe , le Roi déclare que ladite Dame Claude fa
» fille , & autres fes héritiers & Succeffeurs tiennent
» icelles Terres en Perrie & *ne les crée Pers , mais*
» *feulement donne privilége de les tenir en titre de*
» *Perrie.* Or il eft clair que lefdites Terres ne font de
» l'Apanage baillé audit feu Duc Louis ; ainfi non fu-
» jettes à retour , & n'eft ce privilége que prorogation
» dudit privilége de Perrie *de mafculis ad feminas* , &
» pour ce requiert que fur lefditesLettres foit mis,*lecta,*
» *publicata & regiftrata* ».

Ainfi tout fe réunit contre le fyftême de M. de
Saint-Michel. Mais falloit-il d'autre autorité , que
celle des principes , pour le combattre? Il ne peut y
avoir de vraie Pairie que la création du Pair , celle de

la Pairie, & l'union des fiefs ne concourent. Donc le privilége porté par les Lettres de 1399, & celui porté par les Lettres de 1404, ne peuvent être aſſimilés à une érection de Pairie, puiſqu'aucun de ces trois caracteres ne ſe rencontre dans ces divers priviléges.

Mais allons plus loin, & ſuppoſons pour un moment qu'il fût poſſible de donner le même effet à un privilége de *tenir en Pairie* & à une érection en Pairie : voyons ce qui en réſulteroit contre M. le Duc de Chevreuſe.

M. de Saint-Michel prétend qu'à ce titre de *Pairie*, le Comté de Dunois auroit dû retourner à la Couronne, à la mort du dernier hoir mâle de Louis d'Orléans, en faveur duquel l'érection avoit été faite. Il invoque à ce ſujet l'Edit de 1566 ; il rappelle tous les grands principes de la Pairie. Il en crée même, parce qu'il lui en faut, de tout particuliers pour la Cauſe qu'il a entrepris de ſoutenir : il prétend enfin que de tout tems les Pairies n'ont été & n'ont pu être érigées que ſous la charge de reverſion au Domaine de la Couronne.

Si cette prétention pouvoit être admiſe, il s'enſuivroit que M. le Duc de Chevreuſe, au lieu d'être le premier *poſſeſſeur injuſte* d'un bien de la Couronne, feroit le dernier de plus de vingt *poſſeſſeurs injuſtes*. Jean de Dunois lui-même, ce Chef de la Maiſon de Longueville, n'auroit pas été capable de recevoir le don de ce Comté en 1439, & de le tranſmettre à ſes deſcendans ; & ſa qualité de *bâtard* ſe feroit oppoſée à ce qu'il devînt propriétaire d'une *Pairie* qui n'auroit été deſtinée qu'à la deſcendance légitime de Louis d'Orléans. Voilà ce qui réfulteroit du fyftême de M. de Saint-Michel : & au lieu d'une reftitution de fruits d'environ 60 années, qu'il prétend être dûe au Domaine par la Maifon de Luynes, il faudroit faire reftituer à toute la repréfentation de Jean de Dunois les fruits échus depuis 1439. Comment cette riche découverte ne s'eft-elle pas plutôt préfentée à l'efprit des Officiers du Domaine ?

Mais comment plutôt M. de Saint-Michel a-t-il pu s'égarer fur les principes du Domaine & des Pairies, au point de foutenir qu'avant l'Edit de 1566, & de tout tems, toute Pairie étoit reverfible à la Couronne, par la défaillance de ceux pour qui l'érection avoit été faite?

M. de Saint-Michel n'a pu citer aucun exemple de Pairie réunie, fur ce fondement, à la Couronne avant l'Edit de 1566. Il a cité ceux des Duchés d'Uzès, de Rouannois, de Longueville. Mais ces exemples ne prouvent rien, puifqu'ils ne concernent que des érections en *Duchés*, & non des érections en *Pairies*. D'ailleurs les Letttes d'érection de ces Duchés, contenoient la condition expreffe de la réverfion. C'étoit fous cette condition que la grace avoit été demandée & accordée, & l'on n'en a point appofé de pareille dans les Lettres de 1399 & de 1404.

Au contraire, nous citerions, s'il le falloit, mille exemples, non pas de Terres *tenues en Pairie*, mais de Terres *érigées en Pairie*, lefquelles, lorfque la defcendance mafculine du premier Pair s'eft éteinte, ont perdu feulement leur dignité de Pairie, & fe font tranfmifes dans leur premier état, foit à la defcendance

féminine,

féminine, foit même aux héritiers collatéraux du dernier Pair.

C'eſt ainſi que le Duché-Pairie de Nevers, érigé en 1459, s'éteignit après le décès de Charles, en faveur duquel l'érection avoit été faite. En 1464 Jean de Bourgogne le fit ériger de nouveau. Il décéda en 1491 ſans enfans mâles, & la Pairie s'éteignit encore. En 1505 le Duc de Cleves obtint de nouvelles Lettres d'érection. Sa poſtérité maſculine s'éteignit en 1564. La Pairie s'éteignit avec elle ; & pour la faire revivre, il fallut que la ſœur du dernier Duc, qui avoit épouſé Louis de Gonzagues, obtînt en 1566 de nouvelles Lettres.

Ainſi, voilà une Pairie qui fournit elle ſeule trois exemples d'extinction par la défaillance des mâles, ſans que cette extinction ait donné lieu à aucune réunion au Domaine.

Nous y ajouterons encore ce qui eſt arrivé pour le comté de Soiſſons. Cet exemple ſera d'autant plus frappant, qu'il porte ſur les Lettres même de 1404, deſquelles M. de Saint-Michel veut faire réſulter & l'érection en Pairie, & le retour au Domaine.

Le comté de Soiſſons étoit, comme on l'a vu, l'une des Terres auxquelles étoit attaché le privilege *d'être tenu en Pairie* porté par les Lettres de 1404. En 1412 ce Comté fut partagé entre la Maiſon d'Orléans & celle de Coucy. Les co-partageans continuerent de tenir leur portion en Pairie, conformément aux Lettres de 1404. L'on voit même qu'en 1552, Jean de Bourbon, Duc d'Anguien, y ayant été troublé par le Bailly de Vermandois, obtint des Lettres

qui cafloient tout ce qui avoit été fait au préju-
dice de ce privilege. À l'époque de ces Lettres la
moitié échue à la Maifon d'Orléans s'étoit déja réunie
à la Couronne par voie de fucceffion : car Jean. de
Bourbon eft qualifié, dans les Lettres de 1552, *Comte
avec nous par indivis du comté de Soiffons :* l'autre moitié
pafla par fucceffion de tems aux Prinçes de Carignan,
qui obtinrent du Roi l'autre moitié à titre d'engagement. Louis de Savoie en fit l'abandon à fes créan-
ciers, qui vendirent en 1750 à M. le Duc d'Orléans,
tant la moitié patrimoniale du Comté, que celle qui
étoit tenue en engagement ; & l'année fuivante M. le
Duc d'Orléans a obtenu des Lettres-patentes pour faire
réunir la portion engagée à fon Apanage, aux offres
d'y réunir lui-même la portion patrimoniale. Tous ces
faits font conftatés par les Lettres-patentes du 28 Janv.
1751, dont le préambule porte que *M. le Duc d'Orléans a acquis le comté de Soiffons qui étoit poffédé
par la Maifon de Carignan, moitié à titre patrimonial,
moitié à titre d'engagement.*

Certainement M. de Saint-Michel doit convenir
que ces faits dérangent abfolument fon fyftême. Car,
fi les Lettres de 1404 avoient fait du comté de Soiffons une vraie Pairie, & fi, avant 1566, une vraie
Pairie étoit effentiellement réverfible à la Couronne,
arrivant l'extinction de la defcendance mafculine du
Pair, il n'auroit pas pu fe faire que la moitié du comté
de Soiffons pafsât à la Maifon de Coucy & aux Princes de Carignan qui n'étoient pas de la defcendance
de Louis d'Orléans : & il auroit encore moins pu fe
faire que l'Autorité Souveraine, & que le Parlement

qui a enregiſtré les Lettres de 1751 , euſſent regardé comme *patrimoniale* la moitié d'une Terre *tenue en Pairie.*

Ces exemples , ces faits ſont inconciliables avec le ſyſtême de M. de Saint-Michel. Ils prouvent que le privilege de tenir en Pairie , & l'érection en Pairie ſont deux choſes abſolument différentes. Ils démontrent en même tems qu'avant 1566 les érections en Pairie , & encore moins les privileges de tenir en Pairie ne portoient aucune atteinte ni à l'ordre ſucceſſif, ni encore moins aux droits de propriété. Mais les Loix mêmes du Royaume vont ſe réunir à ces exemples pour apprendre à M. de Saint-Michel que le principe de la réunion à la Couronne n'a commencé à s'établir que plus d'un ſiecle & demi après la prétendue érection du comté de Dunois.

On vient de voir qu'en 1564 la deſcendance maſculine du Duc de Cleves étant venue à décéder , ſa ſœur, qui avoit épouſé Louis de Gonzagues, ſe pourvut auprès du Roi pour obtenir en faveur de ſon mari des Lettres de continuation.

« Ces Lettres, dit M. Dagueſſeau, dans ſon Plai-
» doyé ſur le duché de Piney , furent portées en la
» Cour , & ce fut à l'occaſion de leur enregiſtrement
» que le Miniſtere public fit une fameuſe Remontrance
» conſervée encore.à préſent dans les regiſtres de la
» Cour.... Ils requirent.... pour l'intérêt public *qu'il*
» *fût fait de très-humbles Remontrances au Roi pour*
» *lui demander qu'il lui plaiſe d'ordonner , que géné-*
» *ralement les dignités de Pairie demeureront éteintes*
» *& révoquées en cas que ceux qui en auront été honorés ,*

» *décédent sans mâle*, ENCORE QUE LE FIEF SIMPLE EN
» SOI PUISSE ET DOIVE DE SA NATURE ET QUALITÉ PASSER
» AUX FEMELLES. *Autrement il adviendra que la provi-*
» *dence de nos Prédécesseurs en la composition, usance &*
» *observance de la Loi salique sera du tout renversée* ».

Remarquons ici en passant combien à cette époque
les principes du Ministere public étoient différens de
ceux de M. de Saint-Michel. Les Magistrats, malgré
leur zele si vigilant pour les intérêts de la Couronne,
ne pouvoient pas s'empêcher de reconnoître qu'à l'extinction de la Pairie *le Fief simple en soi devoit de
sa nature & qualité passer aux femelles*. Ils étoient
bien éloignés de penser que la réversion au Domaine
fût de l'essence de la Pairie, fût une condition inhé-
rente à toute érection en Pairie.

M. Daguesseau ajoute :

« Ce furent apparemment ces sages Remontrances
» qui déterminerent le Roi à envoyer à la Cour peu
» de tems après, l'Edit de 1566, *qui allant au-delà* des
» Réquisitions de M. le Procureur Général, soumit
» les Duchés mêmes au principe commun de la mas-
» culinité ».

L'Edit de 1566 parut en effet. Si M. de Saint-
Michel l'avoit bien lu, il n'auroit jamais proposé son
systême.

Le Roi y annonce d'abord les vues qui l'ont déterminé à faire cette Loi nouvelle.

« Les feus Rois nos prédécesseurs, en constituant
» & établissant l'ordre de Police & Gouvernement de
» ce Royaume, ont, ainsi qu'il s'est fait en semblable
» en toutes autres Républiques, constitué divers hon-

» neurs & qualités, les uns perſonnels, & les autres
» héréditaires, pour être départis ſelon la grandeur &
» mérite des perſonnes qu'ils vouloient gratifier & ho-
» norer ; entre leſquels ont été les premiers & plus
» louables, les titres des Ducs, Marquis & Comtes :
» leſquels après que noſdits Prédéceſſeurs ont eu uni à
» leur Couronne les principaux Duchés & Comtés de
» cedit Royaume, ils ont départi à leurs freres & au-
» cuns Princes de leur ſang & Seigneurs les plus re-
» commandables de grandeur, de maiſon & mérite ;
» mais avec telle réſervation qu'*il y en a eu peu du*
» *commencement*, auxquels leurs Terres & Seigneuries
» aient été érigées eſdits titres. *Toutefois par ſucceſſion*
. » *de tems, la choſe s'eſt tellement accrue, partie pour*
» *rémunération des grands, vertueux & recommandables*
» *ſervices faits à cette Couronne*, & partie pour gratifi-
» cations, *qu'il y en a peu pour le préſent de ceux qui*
» *ont ſervi de leurs perſonnes au fait des guerres*, &
» qui s'eſtiment dignes d'honneurs & récompenſe, *qui*
» *ne demandent d'être honorés deſdits titres. Leſquels*
» *viendroient à la fin en telle multitude, qu'ils en ſeroient*
» *moins eſtimés & honorés que du paſſé, & l'ordre qui*
» *a été louablement établi & longuement gardé, en ſeroit*
» *perverti , & nous en ſerions infiniment recherchés &*
» *importunés* ».

Ces motifs ſont bien différens de ceux que M. de
Saint-Michel a cru pouvoir prêter au Légiſlateur. Si
la réunion à la Couronne étoit de l'eſſence de la
Pairie, le Souverain n'auroit pas manqué de placer
dans le préambule de ſon Ordonnance, une vérité ſi importante, & ſi précieuſe à la Couronne. Mais en diſant

au contraire que cette réunion n'aura lieu, & qu'il ne va l'ordonner que pour écarter des demandes importunes, il reconnoît formellement que, de droit commun, les Terres décorées de la dignité de Pairie, devroient subir le fort, & être gouvernées par les loix de toutes les autres propriétés.

C'eft d'après ces motifs que la Loi intervient.

« *Pour à quoi pourvoir à l'avenir, avons par l'avis* » de la Reine notre très-honorée Dame & Mere, Princes » de notre Sang & Gens de notre Conseil privé, eftans » lez nous, dit, ftatué & ordonné, difons & ftatuons » & ordonnons par Loi, Edit, Statut & Ordonnance, » irrévocables, que DORÉNAVANT *il ne fera faite par* » *Nous ou nos Succeffeurs aucune érection des Terres &* » *Seigneuries, de quelque qualité, valeur & grandeur* » *qu'elles foient, éfdits titres de Duchés, Marquifats* » *ou Comtés, que ce ne foit à la charge & condition que* » *venant les fieurs propriétaires defdites Terres qui fe-* » *ront érigées en Duchés, Marquifats ou Comtés, à* » *décéder fans hoirs mâles, procréés de leurs corps en* » *loyal mariage,* icelles Terres feront *unies & incor-* » *porées à notre* Domaine, *inféparablement, encore* » *qu'elles ne* fuffent d'ancienneté de notred. *Domaine, &* » *qu'és* Lettres defdites érections il ne fût *fait aucune* » *mention de ladite charge & condition* ».

Cet Edit ne parloit que des *Duchés, Marquifats &* *Comtés.* Les Pairies n'y étoient que tacitement comprifes ; & pour lever tout doute à ce fujet, Henri III publia un autre Edit en Mars 1582. Le préambule expofe de même l'inconvénient de rendre ces dignités trop *communes,* en écoutant *journellement les inftantes*

Requêtes qui font faites fous divers prétextes pour ob-tenir les titres & éreCtions de Duchés & Pairies, d'où il arrive qu'elles ne font tenues en la révérence & confidé-ration qu'il feroit requis : en conféquence le Roi ordonne que DORENAVANT aucun, de quelque qualité, dignité & autorité qu'il foit, ne fera fait & créé Duc & Pair de France qu'à la charge appofée, & non autrement; qu'après le décès de celui en faveur duquel l'éreCtion de Duché & Pairie aura été faite, *ladite Terre, Duché & Pairie fera jointe & incorporée au Domaine de nctre Couronne.*

C'eft fans doute dans ces Loix, les feules qui exif-tent fur cette matiere, qu'on doit puifer les principes qui reglent le fort des Pairies. Or que M. de Saint-Michel choififfe celui de ces deux Edits qu'il voudra ; fa prétention ne réfifte pas moins à l'un & à l'autre. Tous deux ont été diCtés par le même efprit. Tous deux ont eu le même objet, en impofant la loi du retour à la Couronne, aux éreCtions en Pairie. Cet objet n'a été que de prévenir la *multitude* de ces éreCtions ; & ce n'eft point par aucune raifon prife dans la nature des Pairies, que le Souverain s'eft déterminé à les grever de cette condition. La loi du retour n'eft donc pas de l'effence des Pairies. Auffi ces deux Edits ne difpofent que pour *l'avenir.* Ils reglent ce qui arrivera *dorénavant.* Il n'en étoit donc pas de même avant ces Edits. La loi du retour eft donc une loi nouvelle. Elle ne peut donc pas s'appliquer à une éreCtion de 1399 ou de 1404. Tout cela eft clair comme le jour, & M. de Saint-Michel doit en con-venir enfin lui-même de bonne foi.

Tant de moyens réunis ne doivent laisser aucun doute sur la question ; & l'incorporation que M. de Saint-Michel prétend s'être faite du Comté de Dunois à la Couronne, ne peut plus passer que pour une ridicule chimere.

Les Lettres-patentes de 1399, seul titre de Pairie pour le Dunois, n'ont jamais été enregistrées ; n'ont jamais eu d'exécution.

Celles de 1404 ne peuvent pas s'appliquer au Comté de Dunois, dont elles ne font pas même la plus légere mention.

Ces Lettres de 1399 & de 1404 ne contiennent au surplus qu'un simple *privilege de tenir en Pairie*, sans création de Pair, sans Pairie, sans union de fiefs ; & de tels priviléges, comme le pensoit M. Olivier, comme Louis XII l'a décidé dans ses Lettres-patentes de 1505, ne font qu'une *franchise*, qu'un *privilege*, qu'un *titre de Pairie*, qui ne fait ni un Pair ni une véritable Pairie.

Enfin quand on pourroit transformer ces priviléges en de vraies érections, le Comté de Dunois n'auroit pas cessé d'être possédé patrimonialement, puisque ce n'est que depuis 1566, ou même depuis 1582, que les Pairies sont devenues réversibles à la Couronne, par l'extinction de la descendance appellée pour en jouir.

SECONDE

SECONDE PROPOSITION.

*Le retour stipulé par la donation de 1439, n'a pu don-
ner lieu à l'incorporation du Comté de Dunois à la
Couronne.*

M. de Saint-Michel, pour mettre de la vraisem-
blance dans sa prétention, n'a cessé de présenter l'acte
de 1439 comme le seul & unique titre de la propriété
du Bâtard d'Orléans : & réunissant ensuite toutes ses
forces contre ce titre, il a soutenu qu'en conséquence
des clauses d'inaliénabilité & de réversion qu'il contient, le Comté de Dunois avoit dû retourner à la
Couronne, au décès de M. l'Abbé d'Orléans, dernier
descendant du Bâtard d'Orléans.

Il faut avant tout rapporter les termes mêmes de ces
clauses. Elles sont ainsi conçues :

« *Lui avons donné* , & par ces présentes donnons
» pour lui & *ses hoirs* descendans de sa chair en loyal
» mariage , nosdits comté & vicomté de Chasteaudun
» & Dunois ; c'est à savoir les chastel , ville , terre &
» chastellenie de Chasteaudun ; les ville , terre & chas-
» tellenie de Freteval ; les ville , terre & chastellenie de
» Marchenoir ; les ville & chastellenie de la Ferté , de
» Villeneuil , & la chastellenie de Fremanteau , avec
» toutes les terres & seigneuries adjointes à iceulx comté
» & vicomté , ainsi comme ils se poursuivent & com-
» portent en justices, fiés, rerefiés, vassours & rere-

E

»vaſſours, cens, rentes, droits, ſeigneuries & autres
»choſes quelſconques des appartenances d'iceulx com-
»té & vicomté, à les avoir, tenir & poſſéder, jouir
»& uſer par notredit frere Baſtard, & par ſeſdits *hoirs*
»*deſcendans* de ſa chair en loyal mariage, comme de
»leur propre choſe, en la forme & maniere que notred.
»frere tenoit de nous la ſeigneurie dudit Remorentin,
»c'eſt aſſavoir qu'ils tiendront de nous leſdits comté &
»vicomté de Dunois, en foi & hommage lige, à
»cauſe de notredit comté de Blois, & en reſſort & ſou-
»veraineté d'icelui Comté, comme font nos autres
»vaſſaulx dudit comté de Blois, pour leſquels reſſort &
»ſouveraineté exercer toutefois que bon nous ſem-
»blera, nous aurons ſiéges & places eſdits comté &
»vicomté de Dunois, Bailli & Sergens ſe meſtier eſt,
»pourvu que lui ne ſeſdits *hoirs, ne pourront vendre ni*
»*tranſporter leſdits Comté & Vicomté*, ni aucunes choſes
»des appartenances & appendances d'iceulx ; *& où cas*
»que notredit frere Baſtard & ſeſdits hoirs iront de vie
»à trépaſſement, ſans *enfans de leur chair procréés* en
»loyal mariage, leſdits *comté & vicomté* de Chaſteau-
»dun & Dunois, retourneront à nous & *à nos hoirs*
»*de plain droit ;* & outre, avons par ces préſentes oc-
»troyé & octroyons à notredit frere que leſdits comté
»& vicomté de Dunois, & leurs appartenances, *il &*
»*ſeſdits hoirs* yſſans de ſa chair, puiſſent *charger &*
»*hypothéquer en aſſiette* de douaire à leurs femmes
»ſeulement, parmi ce que ils ne les pourront charger ni
»hypothéquer en maniere quelque ſoit, ſinon pour
»ledit douaire.

Telle eſt la clauſe qui ſert de baſe à la premiere

partie du fyftême de M. de Saint-Michel. Mais ici, comme fur la premiere queftion, les moyens fe réuniffent en foule contre lui.

1°. Cette défenfe d'aliéner & ce retour ont été tacitement révoqués par des actes poftérieurs.

2°. Quand le retour n'auroit pas été révoqué, il feroit devenu caduc, par l'inexiftence de ceux qui y étoient appellés.

3°. Enfin cette claufe de retour, cette défenfe d'aliéner n'auroient pu être envifagées que comme une fubftitution : & les degrés de cette fubftitution feroient depuis long-tems épuifés.

Détaillons chacune de ces réflexions.

1°. Charles d'Orléans étoit prifonnier en Angleterre lorfqu'il fit en 1439 à Jean, fon frere naturel, la donation du Comté de Dunois. Il lui fit ce don pour *reconnoître les bons & agréables fervices que Jean lui avoit rendus en toutes manieres.* Mais fa reconnoiffance s'accrut bientôt avec les fervices de fon frere. Jean attaqua les Anglois qui affiégeoient la ville d'Orléans. Il les défit plufieurs fois, & les obligea de fe retirer. Il fit plus : il fe rendit fi redoutable à ces ennemis, qu'il les força de lui rendre fes deux freres Charles d'Orléans & Jean d'Angoulême, qu'ils retenoient captifs. Au milieu de ces événemens, il courut *les plus grands périls & dangers, & il expofa continuellement fon corps & fes biens.* Ce font les termes mêmes dans lefquels Charles d'Orléans exprima les obligations qu'il avoit à fon frere, dans un acte du mois d'Août 1441.

Déterminé par tous ces motifs à combler de nouveaux bienfaits fon Libérateur, Charles d'Orléans, dans ce ſecond acte, donna à Jean les mêmes Terres qu'il lui avoit déja données par l'acte de 1439. Mais au lieu de les lui donner à la charge de retour, au lieu de les grever de la défenſe d'aliéner, il déclara que ce don étoit pur & ſimple & irrévocable. Voici les propres termes de l'acte :

« *Avons de* NOUVEL, *& de notre* PLUS AMPLE *grace,* » *& pour plus* GRANDE SURETÉ *de notredit frere, & dudit* » *don à lui fait, donné & donnons* A TOUJOURS-MAIS, » IRRÉVOCABLEMENT ET PERPÉTUELLEMENT *à icelui* » *notre frere, pour lui & ſes hoirs iſſans de ſa chair, leſ-* » *dits Comté & Vicomté,* &c. »

Il manquoit encore quelque choſe à la ſolidité de cette donation. En effet Jean d'Angoulême, frere de Charles, n'avoit point encore été rempli de ſes droits dans la ſucceſſion de ſon pere. Il avoit une portion indiviſe dansle comté de Dunois. A ce titre il auroit pu attaquer le don que Charles d'Orléans venoit d'en faire. Mais ſa reconnoiſſance étoit égale à celle de ſon frere. Comme lui il devoit à Jean ſa liberté, & la défenſe & la conſervation de tout l'héritage de Louis d'Orléans ſon pere. Ces motifs le déterminerent à ratifier le don de 1441, & à donner lui-même à ſon frere le Bâtard tous les droits qu'il pouvoit avoir dans le Dunois. C'eſt ce qu'il fit par un acte du 29 Juin 1445.

Enfin de nouveaux dons furent encore ajoutés à ce premier par différens actes de 1446 & 1452, dans leſquels on ne trouve ni la défenſe d'aliéner, ni la ftipulation du retour. Celui du 25 Oct. 1446, ajouta feulement deux décorations nouvelles à la poffeffion du Bâtard. Charles d'Orléans y *octroya* à fon frere, que *dorénavant à toujours-mais, perpétuellement, à héritage il ait & tienne lefdits comtés de Dunois & Terres adjointes, en tous droits, nobleffe, prérogatives, & prééminence de Comte* : & par une autre claufe, il voulut *qu'en cas qu'il vînt à décéder fans hoirs, & le Comte d'Angoulême fon frere fans hoirs mâles, Jean & fes hoirs tinffent ledit comté de Dunois, du Roi à caufe de fa Couronne.*

Ce précis des actes qui ont tranfmis la propriété du comté de Dunois au Bâtard d'Orléans, fuffit fans doute pour convaincre que la défenfe d'aliéner & la charge de retour impofées par l'acte de 1439, ont été anéanties par les actes poftérieurs, & fur-tout par l'acte de 1441.

En effet, on a vu que par cet acte, Charles d'Orléans n'a donné que les mêmes Terres qu'il avoit déja données en 1439. Il n'y a pas ajouté un feul Domaine. Cependant il annonce qu'il veut faire un *nouveau don.* Il y eft déterminé par les fervices fignalés du Bâtard auquel il avoue devoir fa liberté & la confervation de fes biens. *Avons de nouvel*, dit-il, *& de notre plus ample grace, & pour plus grande fûreté de notredit frere & du don à lui fait, donné & donnons à toujours-mais, irrévocablement & perpétuellement.* En quoi a confifté ce don *nouvel*, cette *grace plus ample*, cette *fûreté plus grande?* Ce ne peut être évidemment, qu'en ce que ce don eft pur & fimple & dégagé de toutes les conditions dont celui de 1439 avoit été chargé. Ce ne peut être qu'en ce que Charles d'Orléans a donné fans charge d'inaliénabilité & fans condition de retour.

Sans cela l'acte de 1441 feroit un acte inutile, il-lufoire. Sans cela l'énumération des fervices de Jean, ne feroit qu'une dérifion. Car encore une fois, ce don ne contient rien de *nouveau*, s'il ne contient pas la décharge des deux claufes de retour & d'inaliénabilité, puifqu'il ne renferme exactement que les mêmes Terres comprifes dans l'acte de 1439. Il n'eft donc un don *nouvel*, il ne contient une *plus ample grace* & une *plus grande fûreté*, qu'en ce qu'il a fait cefler les charges dont avoit été grevé le don de 1439.

Cette conféquence acquiert un nouveau degré d'évidence, lorfqu'on examine toutes les autres claufes de l'acte de 1441.

1°. La comparaifon feule des termes dans lefquels ce don eft conçu, avec ceux dont on s'étoit fervi pour exprimer le don de 1439, prouve combien a été différent l'efprit de ces deux actes.

Dans l'acte de 1439, Charles d'Orléans, *inclinant à la fupplication de fon frere, lui donne par ces préfentes pour lui & fes hoirs defcendans de fa chair fefdits Comtés & Vicomtés, &c.*

Dans l'acte de 1441, Charles d'Orléans fe *fentant, tenant & réputant grandement tenu à la rémunération des bons, loyaux, grands & notables fervices deffusdits, a de nouvel & de fa plus ample grace, & pour plus grande fûreté de fondit frere & du don à lui fait, donné à toujours - mais, irrévocalement & perpétuellement.*

Ce n'eft pas là une fimple différence de tournure & d'expreffion. C'eft une vraie différence de chofe. Le premier don étoit incomplet; le fecond eft plein

& entier. Le premier étoit grevé de la défense d'aliéner & de la charge de retour. Ce n'étoit proprement
qu'une donation à tems & révocable. Celle-ci est au contraire à *toujours irrévocable & perpétuelle*, &, comme le
porte l'acte dans un autre endroit, on n'en pourra *jamais rien diminuer ne retrancher en aucune maniere,
ne pour quelconque cause que ce soit*.

2°. Cette seconde donation est complette dans
toutes ses parties. On n'y renvoie point à la premiere,
c'est un acte *subsistens per se*. Aussi y répete-t on tout
ce qu'on veut conserver des clauses de l'acte de 1439,
notamment l'énumération de toutes les terres, la
clause de ressort & celle de mouvance, toutes choses
déja exprimées dans la premiere donation. Mais dèslors n'est-il pas évident qu'on auroit rappellé de même
les clauses de retour & d'inaliénabilité, si l'on avoit voulu
qu'elles eussent leur exécution ? Ces charges si importantes, si précieuses même à la descendance du Donateur, n'étoient pas faites pour être oubliées, sur-tout
dans un acte qu'on qualifioit de *don nouveau*, & qui à
ce titre de *don nouveau* étoit indépendant de tout autre
don antérieur, & devoit renfermer en lui-même toutes
les conditions auxquelles on entendoit l'assujettir.

3°. Enfin ce n'est pas seulement à Jean Bâtard
que la propriété *irrévocable, perpétuelle & à héritage* du
comté de Dunois est transmise ; ses hoirs & AYANS
CAUSE sont également appellés à ce don. Et Charles
d'Orléans *promet en parole & promesse de Prince pour lui,
successeurs, ses hoirs & ayans cause, garantir, délivrer &
défendre envers tous & contre tous à notredit frere, & à
ses hoirs &* AYANS CAUSE, *icelles Terres & Seigneu*

ries , & toutes leurs appartenances & appendances. Cette énonciation des *ayans cause* est répétée jusqu'à cinq fois dans l'acte de 1441. Or·, non-seulement elle ne se trouve point dans l'acte de 1439, mais elle est contradictoire avec la charge de retour .& la défense d'aliéner, stipulée par ce premier acte. Car les *ayans cause* ne peuvent être que les héritiers collateraux & les tiers détenteurs : & les uns & les autres étoient exclus, soit par la défense d'aliéner, soit par la stipulation du retour en cas *de défaillance des hoirs du* Donataire.

Que l'on joigne encore à toutes ces preuves celle qui résulte du don fait par le Comte d'Angoulême en 1445. Dans ce don , nulle mention de retour, nulle défense d'aliéner. Le Comte d'Angoulême ne se réfere qu'à l'acte de 1441. Celui de 1439 est à la vérité rapporté dans l'acte de 1445. Mais c'est parce qu'il se trouvoit transcrit dans l'acte de 1441 , suivant l'usage de ce tems. Est-il donc vraisemblable qu'on eût obmis de parler de deux conditions si essentielles dans ce nouveau don du Comte d'Angoulême, s'il eût été réellement dans la volonté des Parties que ces charges de la donation de 1439 eussent leur effet ?

M. de Saint-Michel prétend détruire toutes ces preuves par un aveu rendu à la Chambre des Comptes de Blois en 1586 par Madame la Duchesse de Longueville. Il est énoncé dans cet aveu que le Comté de Dunois a été donné en 1439 par Charles d'Orléans, à la charge du retour en faveur de ses hoirs. Donc, dit M. de Saint-Michel, on a toujours reconnu dans

la

la famille que l'acte de 1439 étoit le véritable & le principal titre de la propriété de Jean Bâtard d'Orléans.

Que cette conséquence est puérile ! Il est certain qu'il eût été plus raisonnable d'insérer dans cet aveu l'acte de 1441 ; mais parce qu'on aura obmis de le faire, parce qu'on n'aura parlé que de l'acte de 1439, parce qu'on aura enfin rappellé la clause de retour stipulée dans cet acte, sans parler des clauses des actes postérieurs qui l'ont révoquée, il s'ensuivra qu'on aura fait revivre cette charge qui étoit anéantie, & qu'on aura annullé tout les actes postérieurs à celui de 1439. Et cette propriété se fera ainsi dénaturée par un aveu dressé par des Gens d'affaires d'une mere tutrice ! De pareilles idées doivent révolter. Aussi font - elles contraires à tous les principes reçus en matiere d'aveux. M. de Saint-Michel doit savoir mieux que personne qu'un aveu n'est pas un titre : qu'il ne peut servir qu'à faire présumer le titre : qu'il n'est même rien s'il y est contraire, & qu'il ne tire sa force que de sa conformité avec les titres. *Ad originalem investituram*, dit Dumoulin *, *semper recurrendum est, & secundùm eam recognitiones sequentes tanquam erroneæ corrigendæ sunt.*

Il doit donc demeurer pour constant que ces clauses de retour & d'inaliénabilité ont été révoquées & anéanties par les actes postérieurs, & que l'acte de 1441, en devenant le nouveau titre de propriété du Bâtard d'Orléans, lui a assuré cette propriété d'une maniere pleine, irrévocable & dégagée des charges qui lui avoient été imposées par l'acte de 1439.

II. Nous avons dit en second lieu que quand même

* §. 52, n. 4. *Conf. Parif.*

F

on pourroit fuppofer que l'acte de 1441 n'eût pas anéanti les charges de retour & d'inaliénabilité dont il s'agit, ces charges fe feroient anéanties d'elles-mêmes parce qu'elles étoient attachées à des conditions qui ne fe font pas vérifiées.

Le retour ftipulé dépendoit de deux cas.

1°. Il ne devoit avoir lieu qu'au cas *où Jean Bâtard & fes hoirs iroient de vie à trépas fans hoirs de leur chair.*

2°. Il ne devoit avoir lieu, & il n'étoit ftipulé qu'en faveur du *Donateur & de fes hoirs.*

Or ces deux conditions ont également manqué.

1°. Jean Bâtard & fes hoirs *n'ont pas été de vie à trépas fans hoirs de leur chair.*

Jean eut pour feul *hoir* mâle François I, Comte de Dunois. François I laiffa quatre enfans : François II, Louis, Jean & Anne d'Orléans. Ces enfans en ont auffi laiffé d'autres, & la poftérité mafculine du Bâtard ne s'eft enfin éteinte qu'en 1694, dans la perfonne de M. l'Abbé d'Orléans.

Mais il a fuffi que l'*hoir* de Jean ne foit pas décédé *fans hoirs de fa chair* pour que le retour n'eût pas lieu. Cela eft évident, puifque le retour n'a été ftipulé qu'au cas où *Jean Bâtard & fes hoirs iroient de vie à trépas fans hoirs de leur chair.*

Nous pourrions ajouter qu'il exifte encore aujourd'hui des *hoirs* femelles de Jean d'Orléans. Mais M. de Saint-Michel prétend que le mot d'*hoir* ne peut s'entendre dans un acte de cette efpece que des defcendans mâles, & M. le Duc de Chevreufe n'a aucun intérêt de contefter cette interprétation.

2°. Le retour ne devoit en même tems se faire qu'en faveur *du donateur & de ses hoirs*. La donation de 1439 y est formelle. Il auroit donc fallu au moins dans le système de M. de Saint-Michel, pour que ce retour eût lieu, qu'à la mort du dernier descendant mâle du Comte de Dunois, c'est-à-dire en 1694, il existât un *hoir* de Charles d'Orléans, & que cet *hoir* eût réuni à la Couronne le droit résultant de cette convention de retour. Mais il y avoit long-tems que l'*hoirie* de Charles, donateur, étoit éteinte. Elle étoit finie par le décès de Louis XII, & pour le prouver, il n'est pas besoin de recourir à des généalogies. La preuve s'en trouve dans des Lettres patentes du mois d'Août 1660, qui furent données à l'occasion du retour de la mouvance du Comté de Dunois à la Couronne. Cette mouvance devoit, comme on l'a vu dans les Lettres de 1446, avoir lieu, *arrivant la défaillance des hoirs de Charles d'Orléans, & des hoirs mâles de Jean d'Angoulême*. Les Lettres de 1660 ont ordonné l'exécution de cette clause des Lettres de 1446. *Si bien*, y est-il dit, *que la ligne dudit Charles d'Orléans étant finie par le décès de Louis XII notre prédécesseur, & la ligne masculine dudit Comte d'Angoulême, étant pareillement finie en la personne de Henri III, aussi notre prédécesseur, les deux cas sont arrivés auxquels ce Comté de Dunois doit relever nument de la Couronne de France, & non du Comté de Blois.*

Le fait attesté par ces Lettres ne pouvant pas être révoqué en doute, la conséquence qui en résulte doit paroître également incontestable. Le retour n'étoit stipulé qu'*en faveur des hoirs de Charles*. Il n'y avoit plus d'hoirs de *Charles* , lorfque l'hoirie de *Jean* a fini , & long-tems avant qu'elle ait fini. Donc le retour a été caduque. M. de Saint-Michel n'a pas pu encore répondre à cet argument.

III. Venons à notre dernier moyen. Il n'eft pas moins décifif.

Un retour ftipulé , avec la défenfe d'aliéner , eft certainement une véritable fubftitution. *La défenfe feule d'aliéner ,* dit Domat*, *renferme une fubftitution.* Mais cela eft encore plus évident , lorfqu'à cette défenfe, fe joint une ftipulation de retour. Cette ftipulation en effet n'eft pas autre chofe qu'une fucceffion de poffeffeurs, qu'un ordre de vocations, qui intervertit l'ordre établi par les loix , & qui fubftitue à la vocation légale , une vocation particuliere & conventionnelle.

De-là il réfulte qu'un pareil retour doit être affujetti à toutes les loix des fubftitutions , & qu'il doit être reftreint aux degrés que les Ordonnances ont fixés dans cette matiere. Celui dont il s'agit étant antérieur à l'Ordonnance d'Orléans, feroit donc reftreint à quatre degrés en conféquence de l'Ordonnance de Moulins ; & ces quatre degrés font depuis long-tems épuifés.

Cette idée révolte M. de Saint-Michel. *Quelle erreur , s'écrie-t-il , que de foumettre aux regles des fideicommis une condition d'inféodation , une condition liée à un droit de retour , une condition conféquente & relative à la limitation du don qui n'a été fait qu'à Jean d'Orléans & à fes hoirs !*

Voilà toute la réponfe de M. de Saint-Michel. Elle n'eft pas lumineufe. Prêtons-nous cependant pour un moment à fes idées. *C'eft ,* dit-il , *une condition d'inféo-*

dation. A la bonne heure. Mais qu'en réſultera-t-il ? Nous aurons encore deux réponſes déciſives à lui faire.

Nous lui dirons d'abord avec Chopin, avec tous les Auteurs, avec tous les Arrêts, que la patrimonialité des fiefs eſt tellement la loi commune du Royaume, qu'il n'eſt pas permis d'y déroger par aucune condition d'inféodation. *Nec mutari debet natura feudi Gallici, privatæ familiæ conſtitutione.*

Ainſi, ſi l'acte de 1439 n'eſt qu'une inféodation, elle ne peut pas être différente quant à l'ordre de ſuccéder, & quant à la libre diſpoſition de toutes les autres inféodations; il faut la ſoumettre au droit commun, & en retrancher tout ce qui y eſt contraire. *Omnino recurrendum eſt ad jus commune.*

Nous lui dirons en ſecond lieu, avec Dumoulin, que ce fief chargé de retour & rendu inaliénable par le titre d'*inféodation*, ſeroit un vrai fief *ſubſtitutionnel.* C'eſt le nom que donne Dumoulin à tous ceux qui ſont inaliénables, & qui ſont affectés aux ſeuls mâles. Le droit d'y ſuccéder, dit-il, dérive de la premiere inveſtiture, & le nouveau vaſſal ne ſuccede pas au dernier, mais il tient tout ſon droit du Seigneur qui a fait l'inféodation. *Dicitur jus ſucceſſorium virtute primæ inveſtituræ, & non dicitur novus vaſſallus ſuccedere ultimo vaſallo, ſed primo inveſtito, & jus capere à Domino concedente in vim primæ inveſtituræ* *. Ce ſont là préciſément tous les caracteres des ſubſtitutions: *capit à gravante, non à gravato.*

Or qui peut douter qu'un fief *ſubſtitutionnel* ne doive être ſoumis aux diſpoſitions de nos Ordonnances rendues ſur la matiere des ſubſtitutions ? Les

* Conſil. 50, & art. 33 de paris, n. 84.

Ordonnances n'ont point diſtingué : elles n'ont fait aucune exception en faveur des ſubſtitutions portées dans les actes d'inféodation. Toutes ſont ſoumiſes aux mêmes regles, parce que les motifs qui ont fait établir ces regles , s'appliquent également à toute eſpece de ſuſtitution : parce qu'il eſt également intéreſſant d'arrêter dans leur cours des conventions qui troublent l'ordre des ſucceſſions, & qui gênent le commerce, ſoit que ces conventions ſoient portées dans un teſtament & une donation , ſoit qu'elles aient été faites dans un acte d'inféodation.

C'eſt par le même principe, que la Cour a anéanti, par ſes Arrêts , tous ces pactes anciens de famille , qui avoient introduit des ordres de ſuccéder différens de celui que la Coutume a réglé. Tout le monde connoît les Arrêts célebres rendus dans les Maiſons de Laval, de Montmorency & d'Albret. Ils ſont tous fondés ſur le principe que les ſucceſſions tiennent à l'ordre public, & que dans tout ce qui touche à l'ordre public, les conventions particulieres ne peuvent y déroger, à moins qu'elles ne ſoient reconnues & autoriſées par le Souverain.

Ainſi , quand on pourroit admettre que l'acte de 1439 n'a pas été corrigé & modifié par les actes poſtérieurs, quand on ſuppoſeroit qu'il exiſtoit encore en 1694 quelque *hoir* de Charles d'Orléans , il faudroit toujours reconnoître que la reverſion & la prohibition d'aliéner, ſtipulées dans cet acte, n'auroient pu grever les poſſeſſeurs du Comté de Dunois, au-delà des quatre degrés fixés par l'Ordonnance de Moulins pour toutes les ſubſtitutions antérieures à l'Ordonnance d'Orléans;

47

& ces quatre degrés étant épuifés long-tems avant la
mort de M. l'Abbé d'Orléans, il feroit impoffible de
fonder fur aucun prétexte le retour de ce Comté à la
Couronne.

On pourroit joindre à tant de preuves, un dernier
argument tiré de l'opinion & de l'ufage de la Maifon
de Longueville. Cet ufage eft le meilleur interprete &
des loix générales d'un pays, & des loix particulieres
d'une famille. *Optima legum interpres Confuetudo.* Or
que la Cour jette feulement un coup-d'œil fur tous les
actes poffeffoires dont on a mis l'extrait fous fes yeux ;
elle fera de plus en plus perfuadée de la vérité de toutes
les réflexions qui viennent d'être préfentées. Les circonftances qui ont accompagné cette poffeffion font
exclufives de toutes ces idées d'Apanage, de Pairie,
de réverfion & d'inaliénabilité, que M. de Saint-Michel
a accumulées dans cette Caufe.

On voit en effet en 1463 le bâtard d'Orléans lui-
même difpofer par fon teftament de toutes fes Terres
en faveur de fa fille Catherine, en cas que François
fon fils n'ait pas d'enfans. Ainfi le premier poffeffeur
du Comté de Dunois auroit enfreint la loi de la donation qui lui avoit été faite, en appellant pour fuc-
céder à cette Terre une fille qui auroit été exclufe,
& par la loi des apanages, & par celle de la Pairie,
& par celle de la réverfion.

En 1513 toutes ces Loix auroient encore été violées.
Car c'eft à Renée d'Orléans, fille de François II,
Comte de Dunois, qu'eft paffé à cette époque le
Comté de Dunois.

En 1605 la Cour elle-même fe feroit laiffée entraîner à l'erreur la plus grossiere, en ordonnant le partage du Comté de Dunois entre la Maison de Longueville & celle de Nemours. Le Parlement seroit même, par cet Arrêt, tombé dans une double erreur : la premiere, en ordonnant le partage d'une Terre qui auroit été impartable, & comme Pairie, & comme Apanage, & comme fief masculin & agnatique : la seconde en admettant le partage d'héritiers qui ne venoient que par la représentation d'une fille.

Les Officiers du Domaine n'auroient pas été plus attentifs à la conservation des droits de la Couronne, puisqu'ils ont reçu dans tous les tems en foi & hommage, des possesseurs qui n'étoient, suivant M. de Saint-Michel, que des possesseurs injustes, & puisqu'ils ont toléré une foule d'aliénations, qui auroient dû donner ouverture à la commise au profit du Domaine.

Enfin le Souverain lui-même auroit fourni à M. le Duc de Chevreuse des titres contre les droits de sa Couronne, en le reconnoissant dans une foule d'actes émanés de sa puissance, comme propriétaire légitime du Comté de Dunois.

M. de Saint-Michel prétend que tous ces actes possoires ne sont qu'une longue erreur. Il lui étoit réservé de déchirer le voile qui couvre depuis plus de trois siecles cette possession, & d'apprendre au Public & aux Magistrats que M. le Duc de Chevreuse n'est qu'un *possesseur de mauvaise foi*, qu'un *usurpateur* qui doit même subir la peine attachée à *la mauvaise foi*, la *restitution des fruits*.

Cette

Cette injure n'a pas fans doute été plus réfléchie de fa part, que l'action même qu'il s'eft permis d'intenter. M. le Duc de Chevreufe, *un poffeffeur de mauvaife foi !* Perfonne ne le croira. M. de Saint-Michel ne le croit pas lui-même, ou bien il n'a aucune idée de ce qu'on appelle bonne ou mauvaife foi.

Si M. le Duc de Chevreufe avoit pu feulement imaginer que l'Etat eût le moindre droit au Comté de Dunois, il n'auroit pas héfité un feul inftant à lui en faire la reftitution. En abandonnant cet héritage de fes peres, il auroit joui de la fatisfaction de pouvoir, à leur exemple, donner des preuves de fon inviolable attachement aux intérêts de la Couronne, & de joindre ce témoignage de fon zele à ceux qu'il s'eft empreffé dans tous les tems d'offrir à l'Etat & au Roi.

Après ces reproches d'*injuftice*, de *mauvaife foi* & d'*ufurpation*, on n'a pas dû être étonné d'entendre M. de Saint-Michel accufer M. le Duc de Chevreufe d'avoir manqué à tous les procédés, de l'avoir amufé pendant plus d'un an, fous prétexte de liquider les droits de fon acquifition, & de l'avoir induit, *en l'affurant qu'il n'avoit aucune inquiétude à prendre,* à faire des dépenfes confidérables qui fe tournent en pure perte pour lui par l'événement du retrait. Ces reproches font auffi injuftes qu'ils font malhonnêtes. M. le Duc de Chevreufe n'a jamais vu M. de Saint-Michel. Comment auroit-il pu le flatter, lui donner des affurances, l'amufer ? Ses Gens d'affaires à la vérité ont reçu fon contrat d'acquifition. Mais depuis quand l'exhibition

que fait le vaſſal au Seigneur, de ſon contrat d'acquiſition , emporte-t-elle la déchéance du droit de retrait
qui appartient au Seigneur ? Cette exhibition, loin
de nuire au Seigneur, eſt néceſſaire pour le mettre à
portée d'opter entre le paiement des droits ou le retrait :
& c'eſt par cette raiſon que les Coutumes ne font
courir le délai de ce retrait que du jour de l'exhibition
du contrat. Auſſi cette idée biſarre n'eſt venue à M. de
Saint-Michel, que lorſqu'il s'eſt vu obligé de faire
reſſource de tout pour ſoutenir l'action la plus inſou-
tenable. Voici en effet ce qu'il écrivoit à M. le Car-
dinal de Luynes, pluſieurs mois après la remiſe de ſon
contrat :

* 28 Jannvier
1766 , le ...

« M^{gneur} . . . . ., le Roi m'a fait paſſer au grade de
» Chef de Cour ſupérieure, c'eſt-à-dire, de la Chambre
» des Comptes de Blois, ce qui m'a mis dans le cas de
» déplacer mes biens , avec ma famille. J'ai acheté dans
» le Dunois une Terre de cent quatre-vingt mille liv.
» nommée Montigny ; elle releve de M. le Duc de
» Chevreuſe , & j'ai eu l'honneur de lui faire ma cour
» à ce ſujet , mais JE NE PUIS ME REGARDER COMME
» PROPRIETAIRE IRREVOCABLE JUSQU'A CE QUE L'IN-
» TENDANT DE M. LE DUC AIT LIQUIDÉ CERTAINS
» DROITS DONT LE PAIEMENT LEGAL FIXEROIT MON
» ETAT ; je m'occupe depuis un an environ que j'ai
» acheté cette Terre, à preſſer cette liquidation auprès
» de ſon Intendant, & JE CONÇOIS QU'IL NE SERA PAS
» EN SON POUVOIR DE LA FAIRE SITÔT ; IL EST DE RE-
» GLE QUE JUSQU'ALORS M. LE DUC PEUT USER DE SON
» DROIT FEODAL, DE RETENIR MA TERRE. Son Inten-

» dant m'aſſure qu'elle ne ſeroit pas de ſa convenance ;
» mais IL PEUT CEDER SON DROIT DE RETENTION A
» TOUT AUTRE, ET SON INTENEANT M'A DIT QU'IL
» IGNOROIT SES INTENTIONS A CET EGARD. Cette in-
» certitude me tient dans le plus cruel échec, dont le
» moindre eſt que je ne puis faire le plus petit change-
» ment de convenance dans cette Terre *, parce que,
» ſelon les loix, je ne ſerois pas rembourſé de ma dé-
» penſe : une ſeule choſe peut me mettre à l'aiſe, C'EST
» QUE M. LE DUC VOULÛT BIEN M'ACCORDER LA GRACE
» DE NE POINT CEDER SON DROIT DE RETENTION A AU-
» TRUI, & qu'il plût à votre Eminence de l'y engager.
» J'aurois été la ſupplier à ce ſujet à Verſailles, ſi ma ſanté,
» dans cette ſaiſon, ne m'obligeoit à des ménagemens.
» Je ſuis avec un profond reſpect, &c. »

Cette lettre, écrite depuis l'exhibition du contrat,
depuis les prétendues réparations & dépenſes, depuis
toutes les négociations & pourparlers allégués avec les
Gens d'affaires, cette lettre répond mieux que tout
ce qu'on pourroit dire, aux reproches indécens de
M. de Saint-Michel, puiſqu'elle prouve que, dix mois
même après ſon acquiſition, M. de Saint-Michel
craignoit encore que M. le Duc de Chevreuſe n'uſât
de la retenue féodale. Il le craignoit avec raiſon. Le
vœu de la Province entiere ſollicitoit contre lui M.
le Duc de Chevreuſe. Il n'étoit pas encore aſſuré de
ſa propriété, qu'il eſſayoit de l'étendre aux dépens de
ſes vaſſaux, de ſes voiſins, & même de ſon Seigneur
ſuzerain. Enfin que faut-il autre choſe pour juſtifier
la conduite de M. le Duc de Chevreuſe & la ceſſion

* Il avoit déja fait tous les changemens & toutes les dé-penſes auxquel-les il prétend qu'on *l'a induit.*

qu'il a faite de ſon droit de retenue, que le procès même que lui fait aujourd'hui M. de Saint Michel? Qui peut blâmer M. le Duc de Chevreuſe de redouter d'avoir M. de Saint-Michel pour vaſſal?

On peut donc juger maintenant de quel côté eſt l'*injuſtice*, ou de la part du poſſeſſeur, ou de la part de celui qui le trouble.

Le Comté de Dunois n'a jamais été élevé à la dignité d'Apanage ni à celle de Pairie. On l'a prouvé dans la premiere Propoſition. C'eſt donc un bien patrimonial. Cette Terre a été à la vérité grevée d'un droit de retour & d'une défenſe d'aliéner. Mais ces défenſes & ce retour ont été révoqués par le Donateur lui - même. Elles l'auroient été en tout cas par l'autorité même de la Loi. C'eſt ce que nous venons de démontrer.

M. le Duc de Chevreuſe doit donc être maintenu dans ſa propriété. C'eſt la premiere conſéquence de toute cette diſcuſſion. Mais il y en a une autre qui n'eſt pas moins importante, c'eſt que M. de Saint-Michel doit être condamné à des dommages & intérêts proportionnés à la témérité de ſon action. Il s'eſt conſtitué dans cette Cauſe le défenſeur des droits de la Couronne. Avec plus de droit & de raiſon, M. le Duc de Chevreuſe réclame l'intérêt de la tranquillité publique & du repos des familles. Elles ont dû toutes être effrayées à la vue du trouble porté à la poſſeſſion la plus ancienne & la plus reſpectable, par une Partie également dépourvue & de qualité & d'intérêt. La société entiere est donc intéressée à ce que la Cour veuille bien, par la sévérité de son Jugement, contenir ceux qui seroient tentés de suivre un si dangereux exemple.

Monsieur SEGUIER, *Avocat Général.*

Me GERBIER, Avocat.

NIVERT, Procureur.

De l'Imprimerie de LOUIS CELLOT, rue Dauphine 1767.

* 9 7 8 2 3 2 9 6 6 6 8 6 0 *